Burning Flame

Viola Pressley

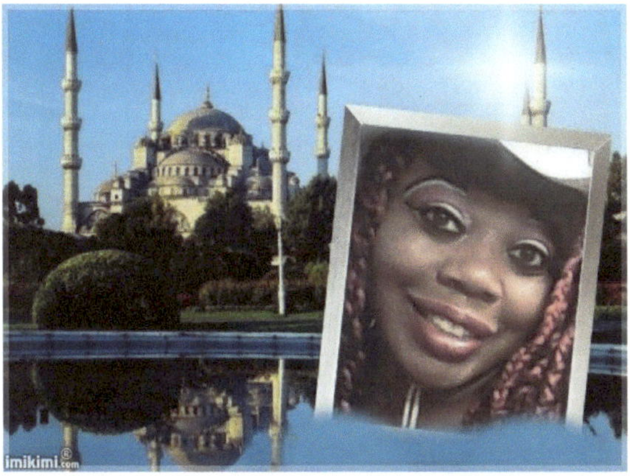

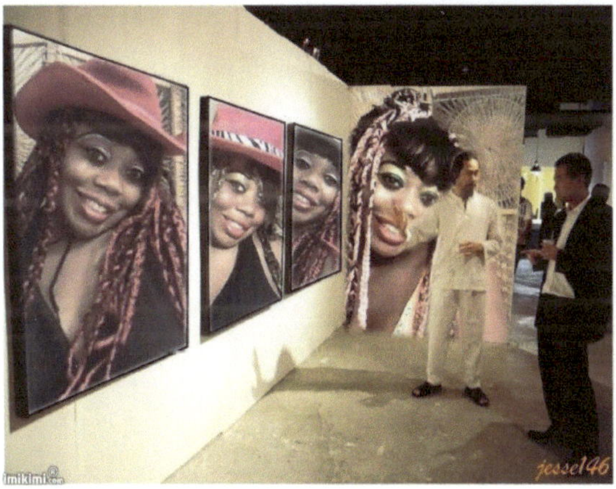

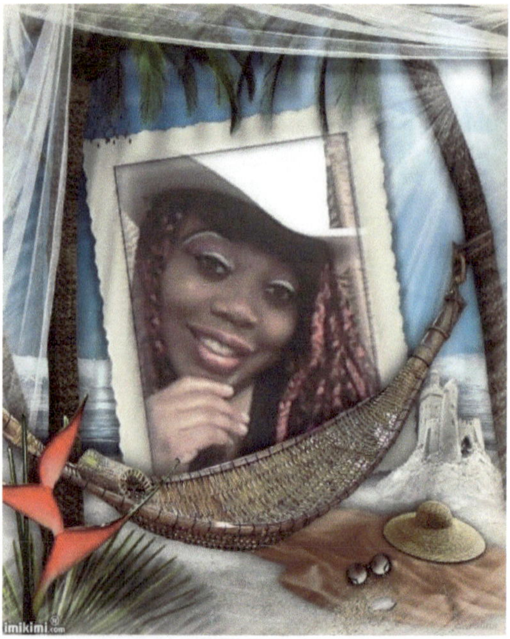
imikimi

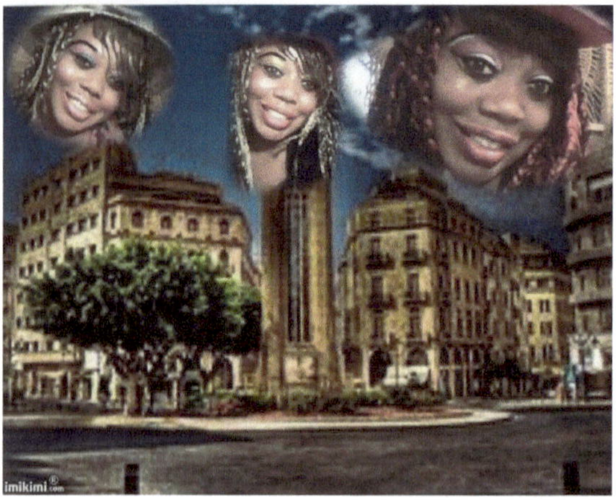
imikimi

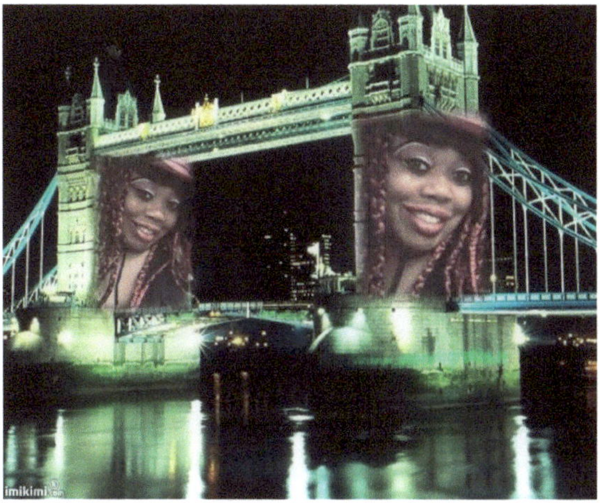
imikimi

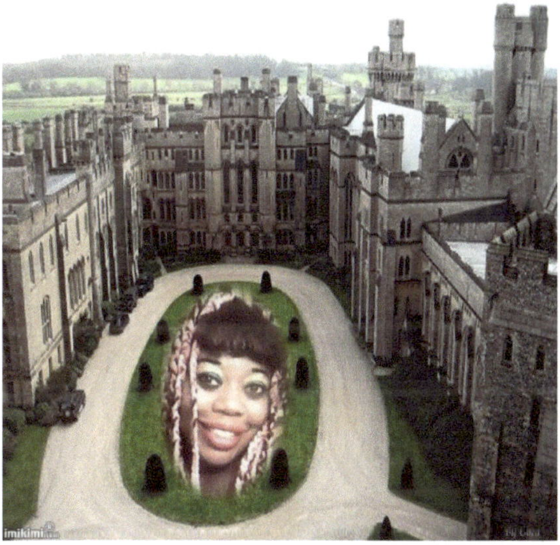
imikimi

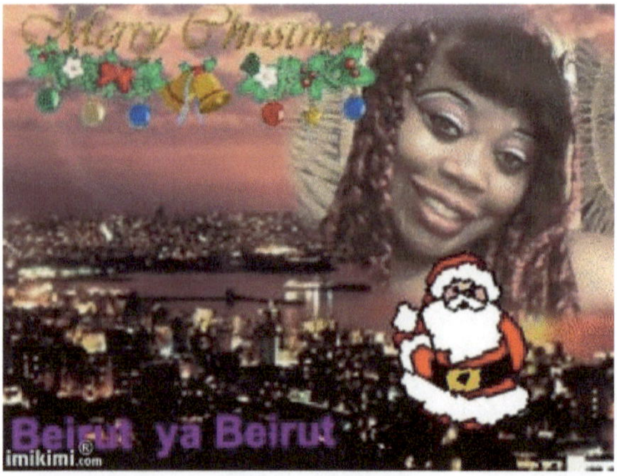
Merry Christmas
Beirut ya Beirut
imikimi.com

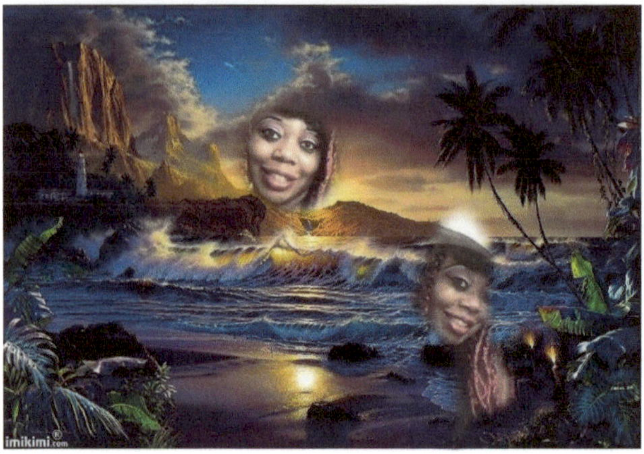
imikimi.com

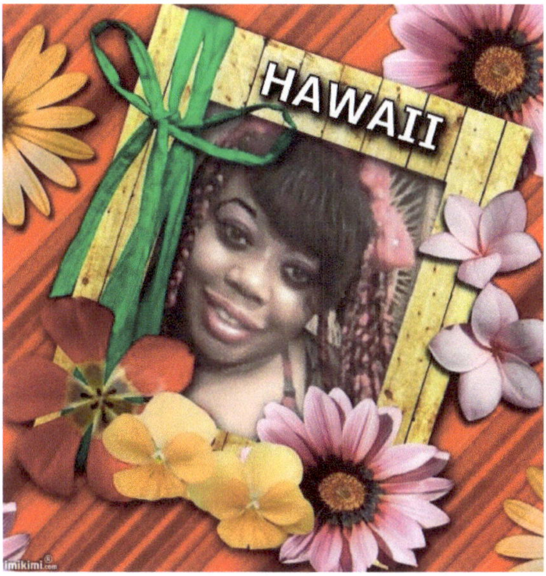
HAWAII
imikimi.com

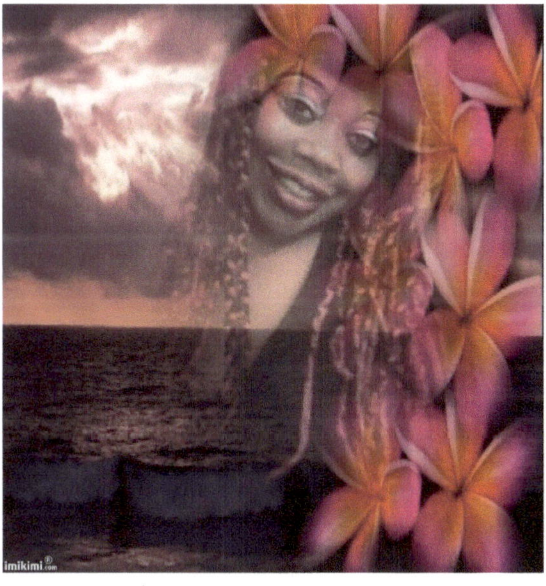
imikimi.com

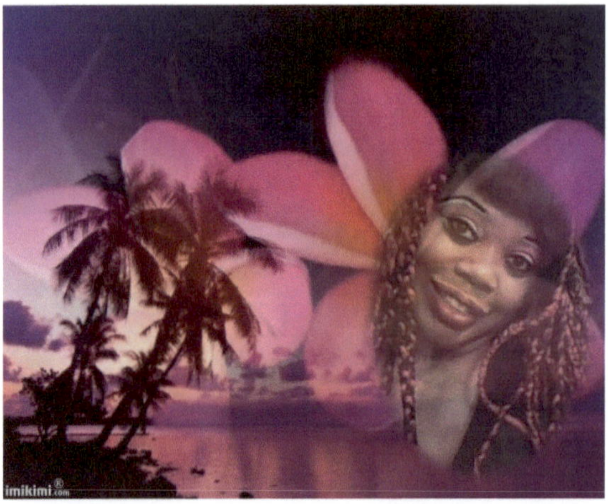

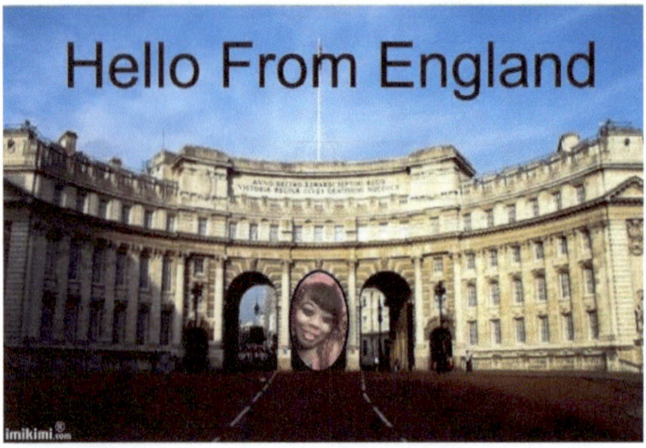
Hello From England

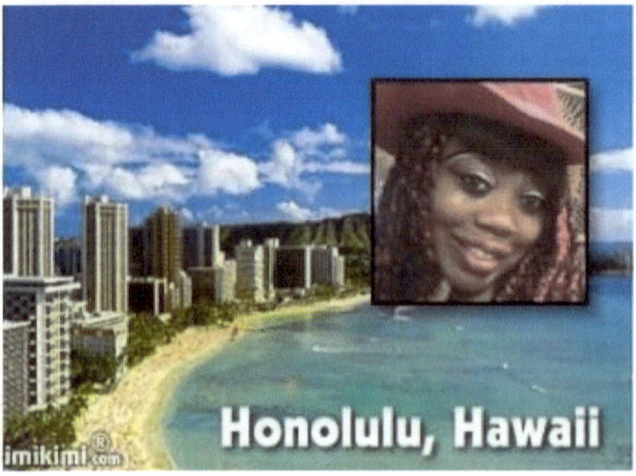
Honolulu, Hawaii

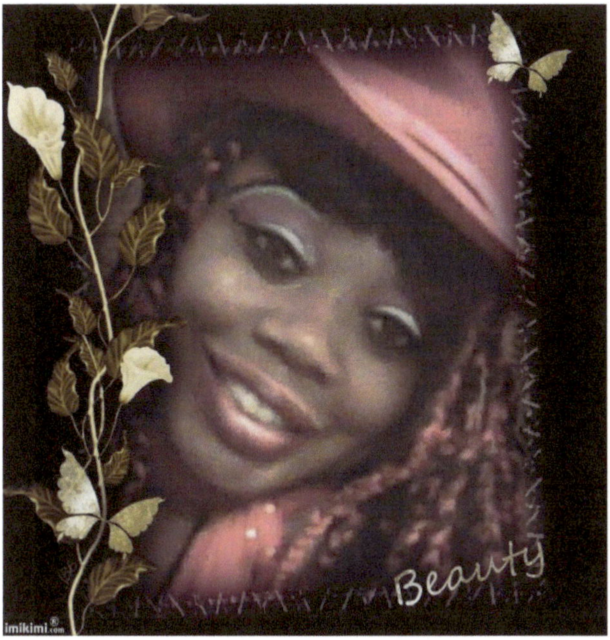
Beauty
imikimi.com

Arz Lebnan

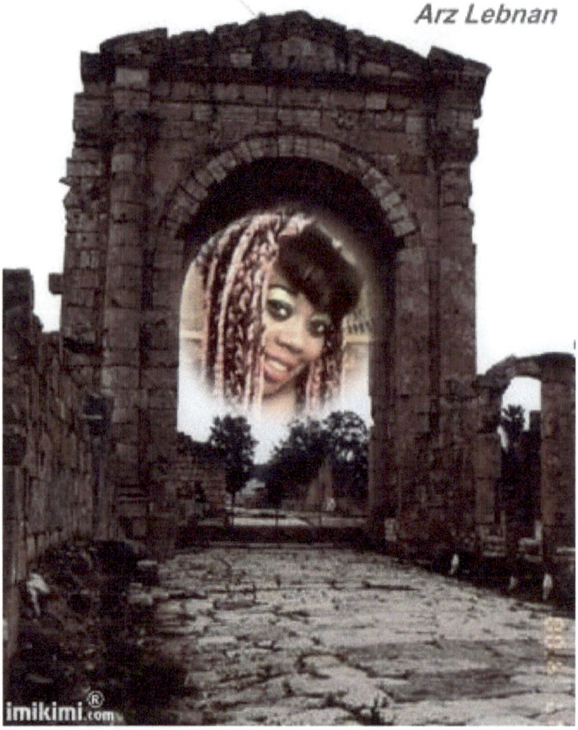

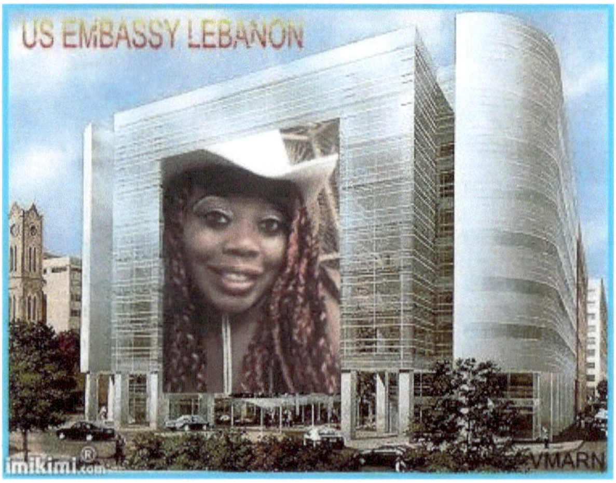

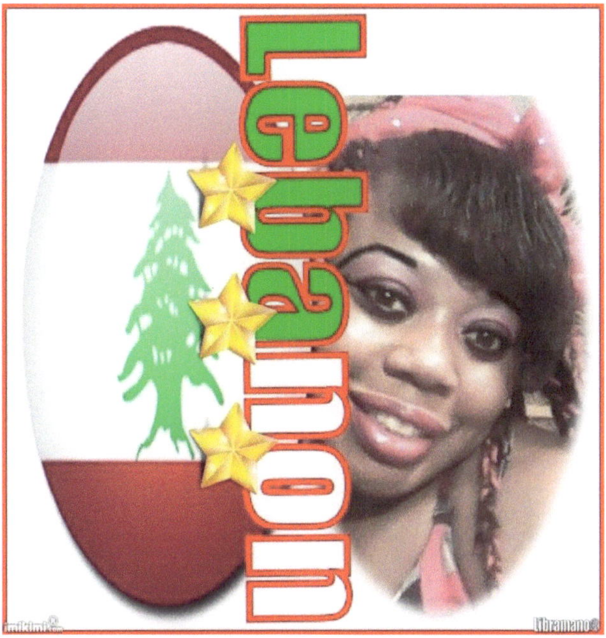
Lebanon

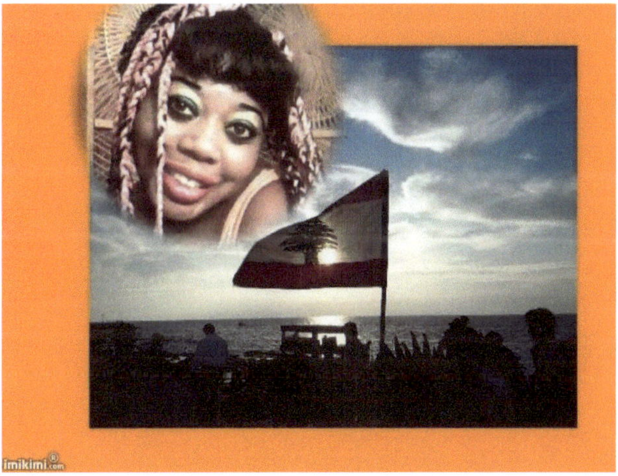

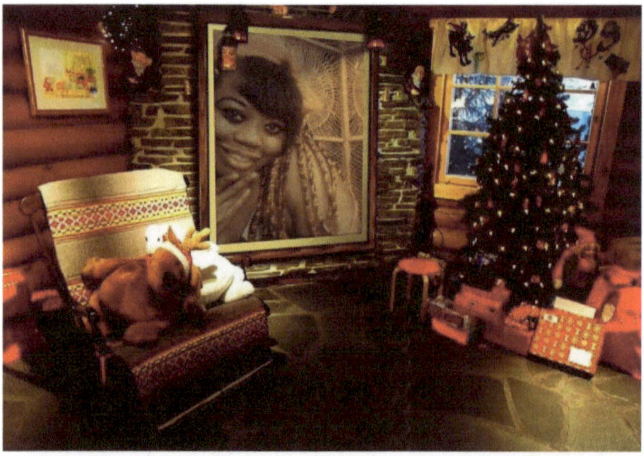

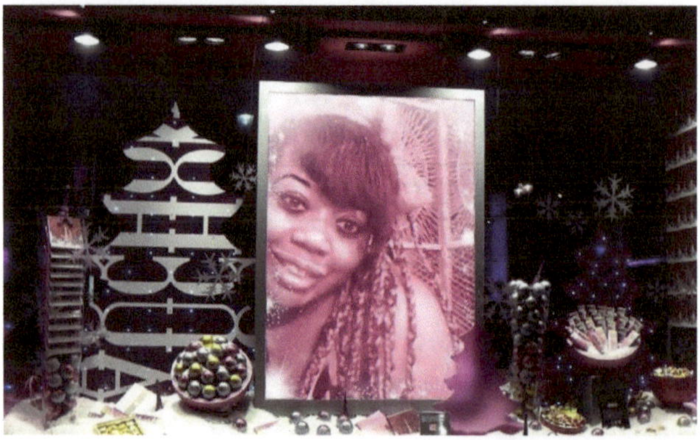

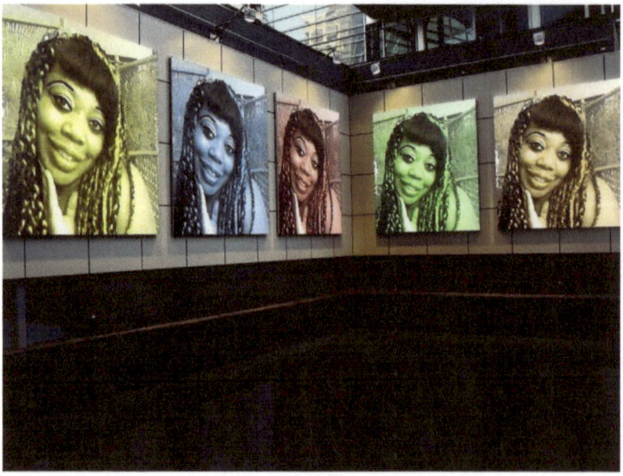

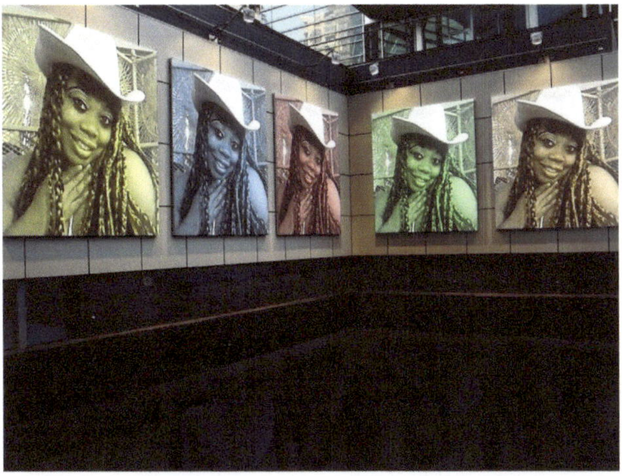

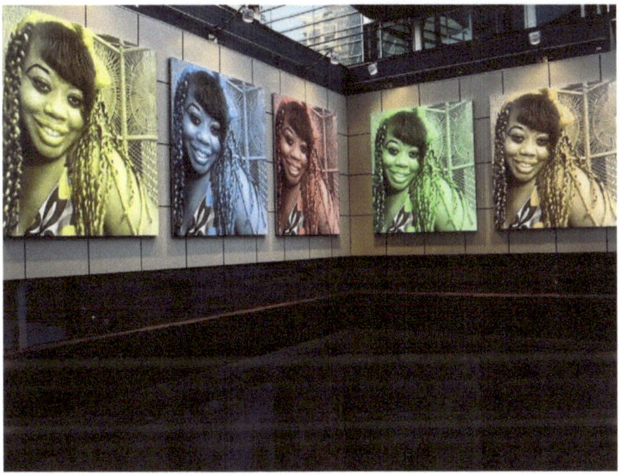

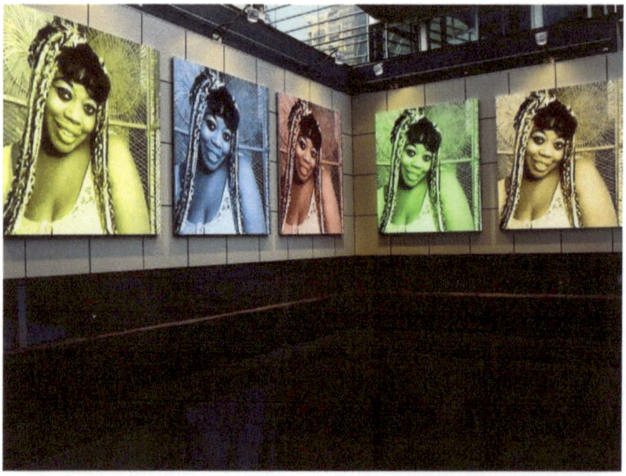

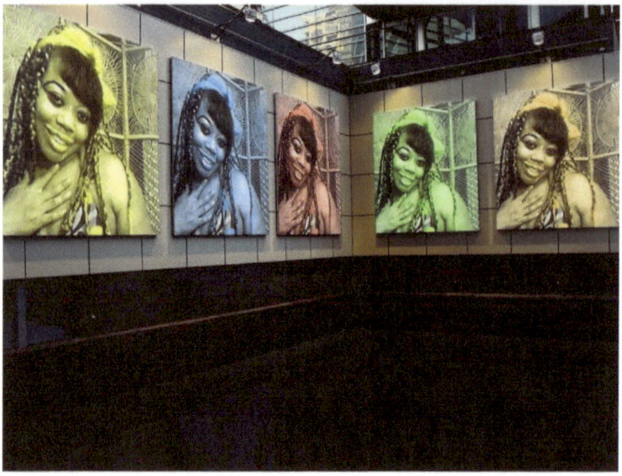

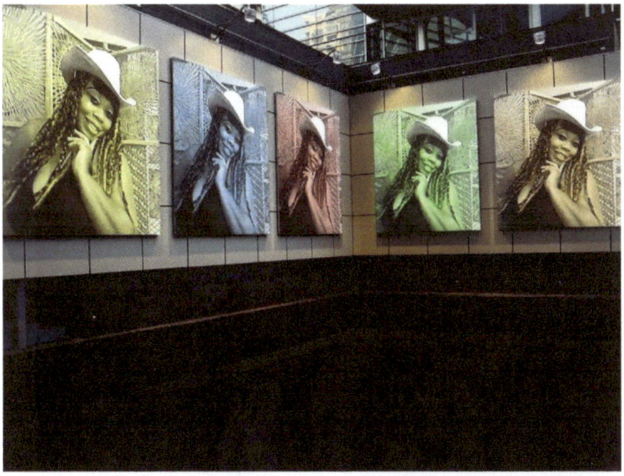

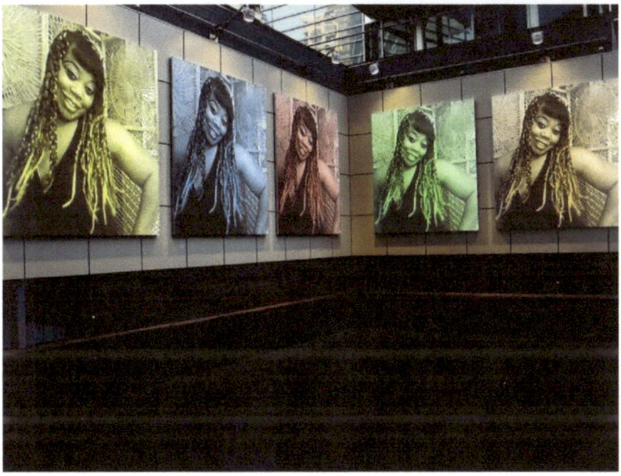

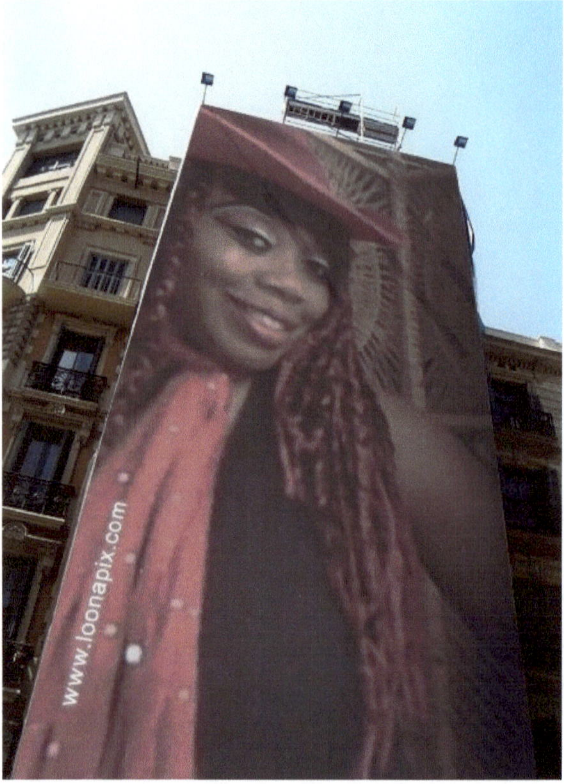
www.loonapix.com

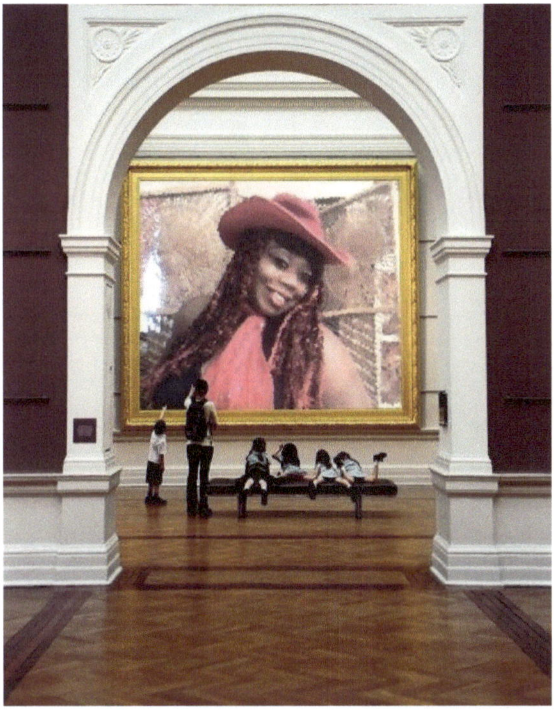

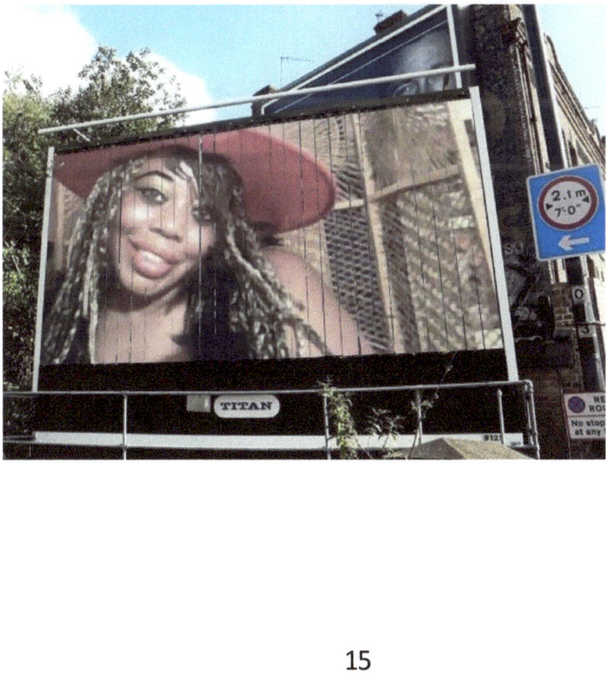
2.1 m
7'-0"
TITAN

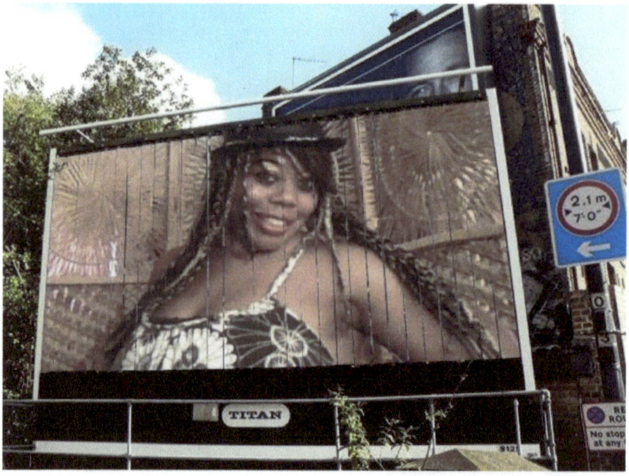
2.1 m
7' 0"
TITAN

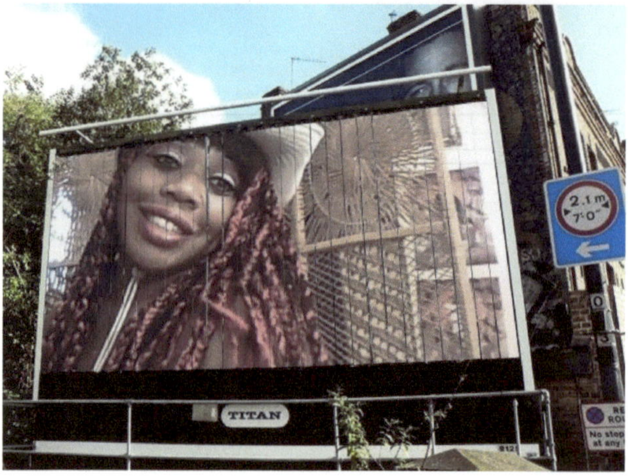
2.1 m
7' 0"
TITAN

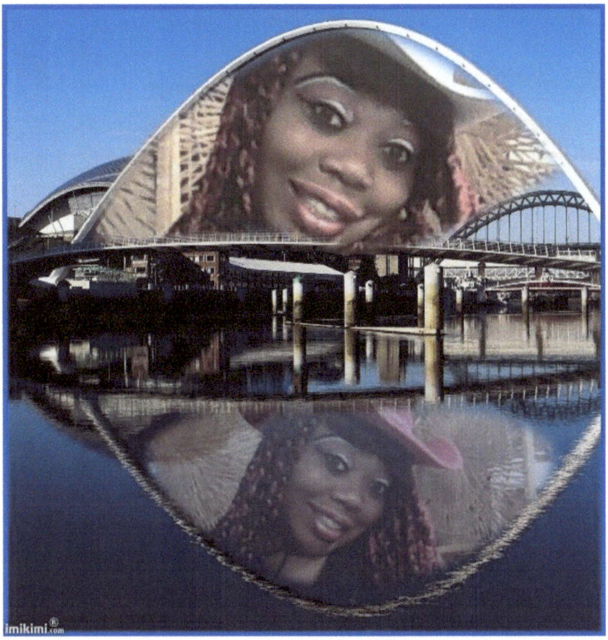

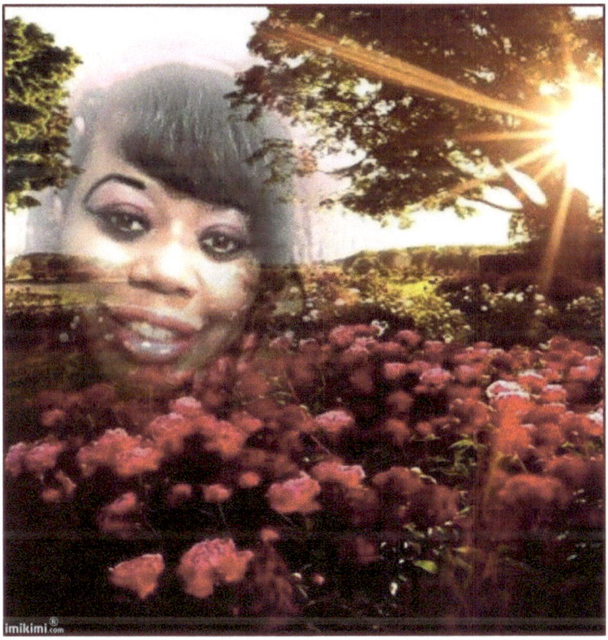

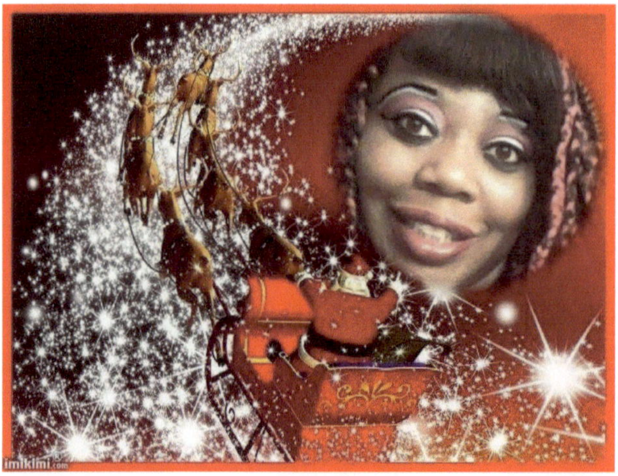

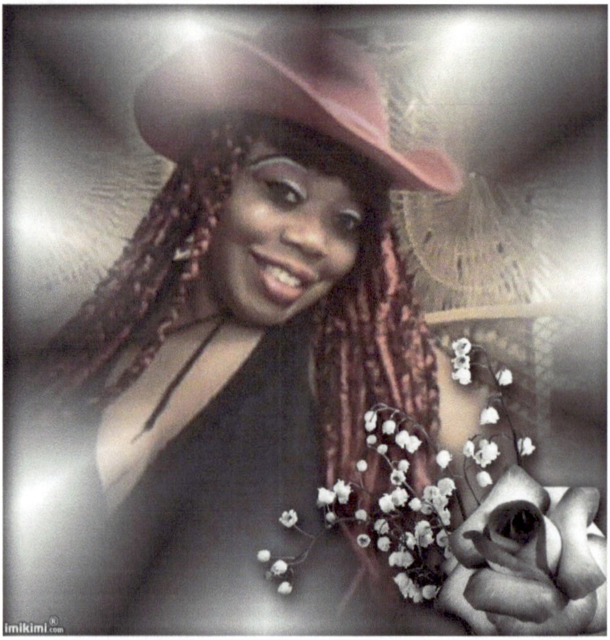

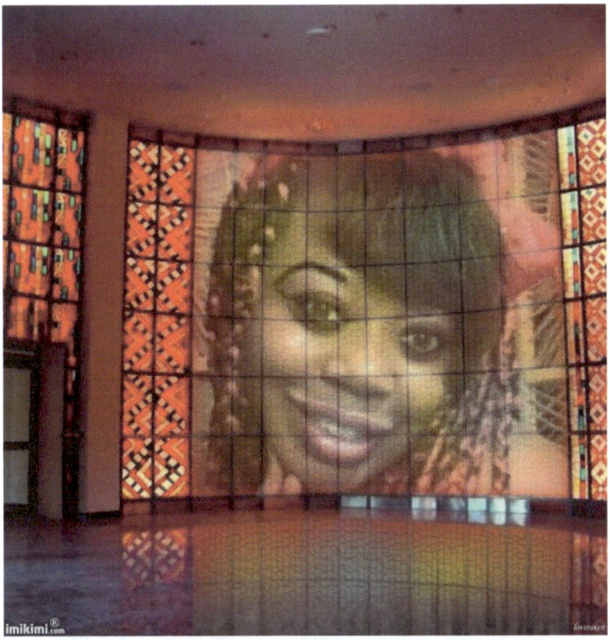

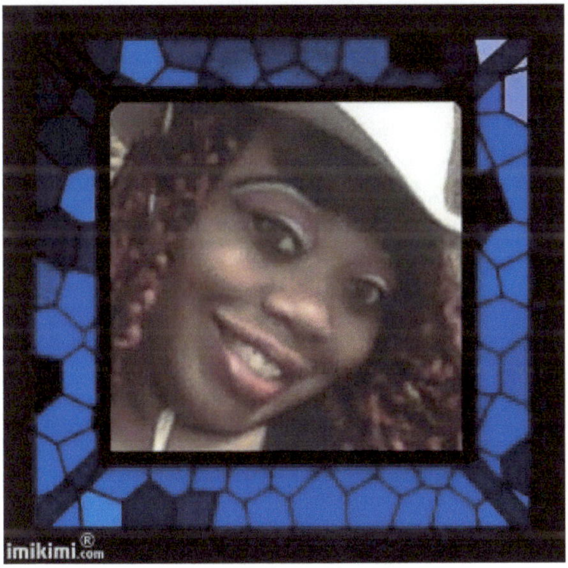

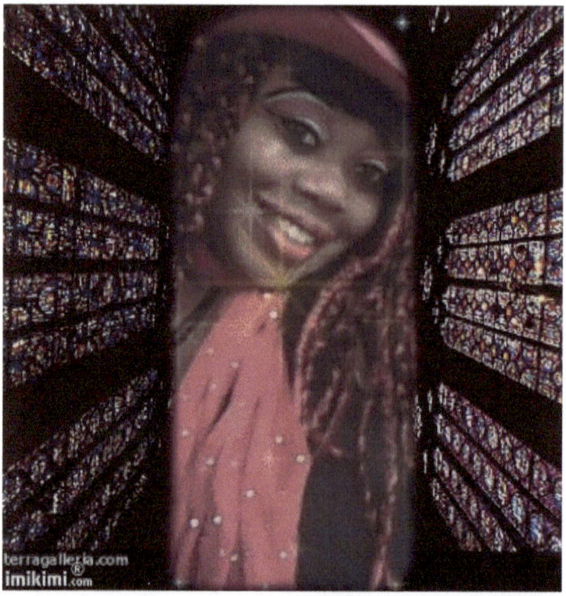
terragalleria.com
imikimi.com

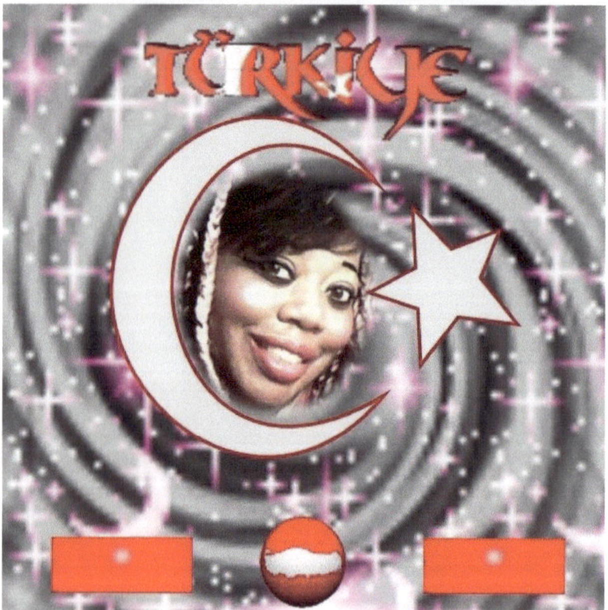
TÜRKiYE
imikimi.com

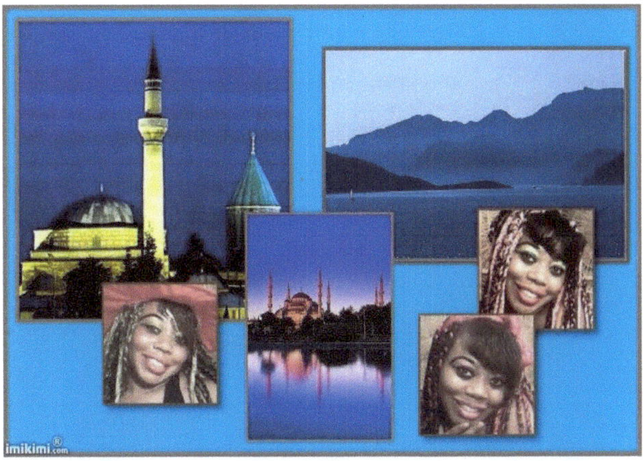
imikimi.com

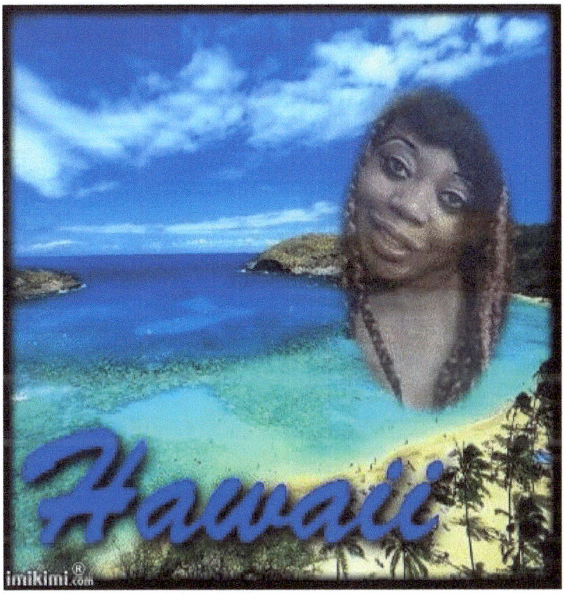
Hawaii
imikimi.com

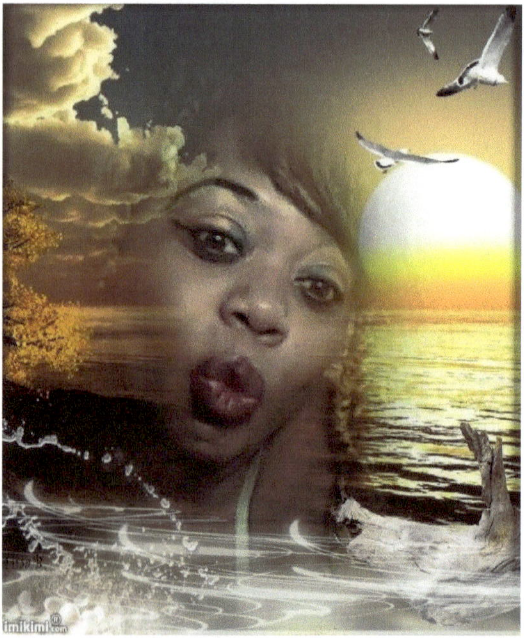
imikimi.com

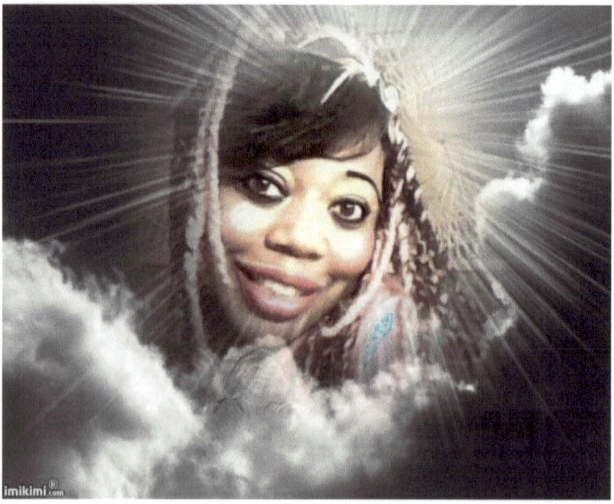
imikimi.com

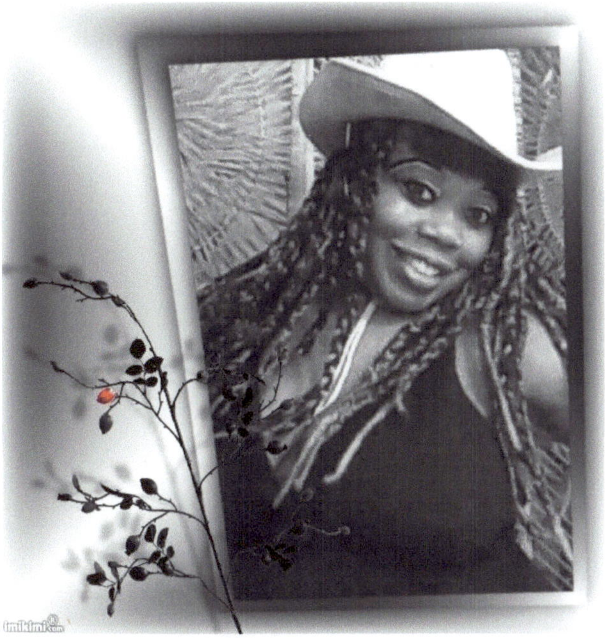

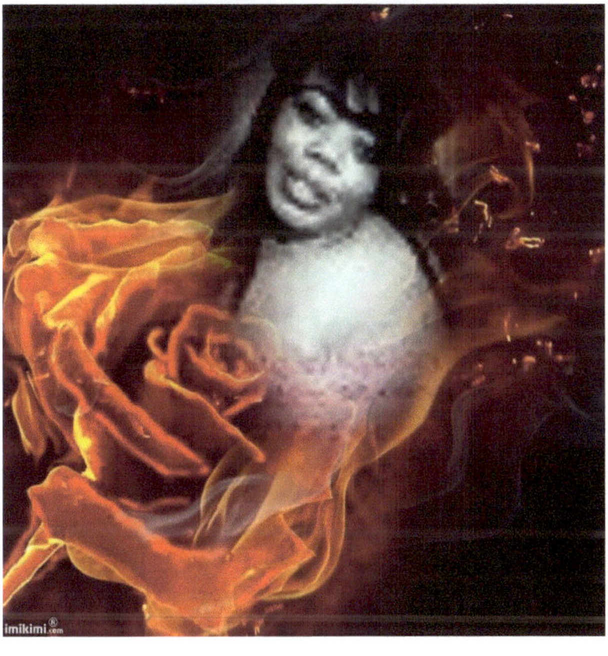

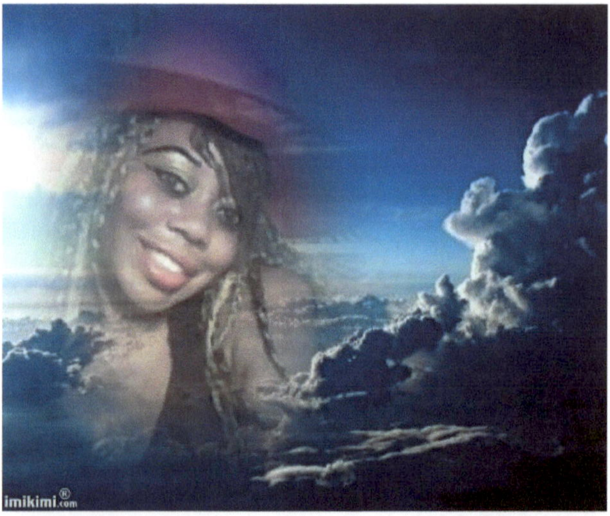
imikimi.com

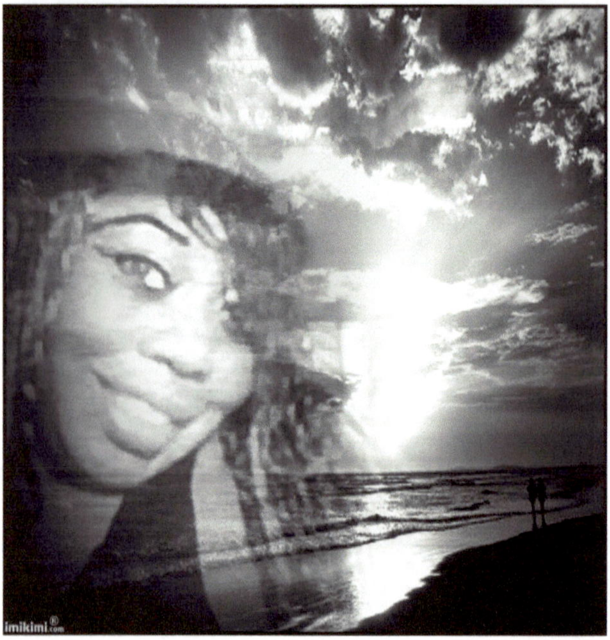
imikimi.com

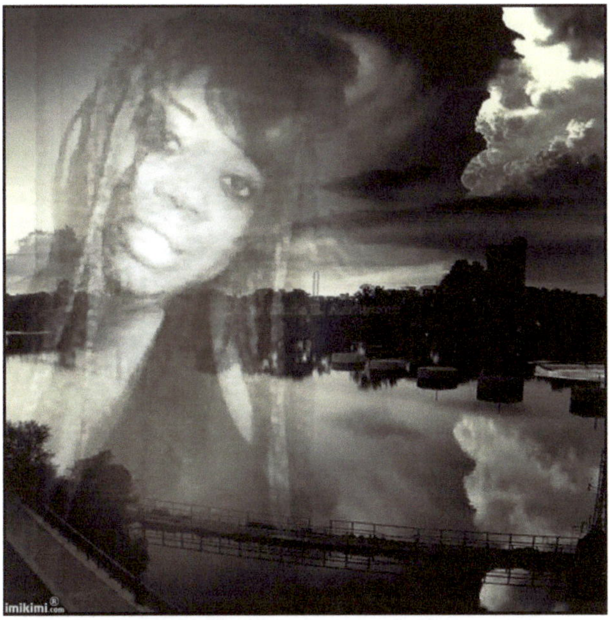
imikimi.com

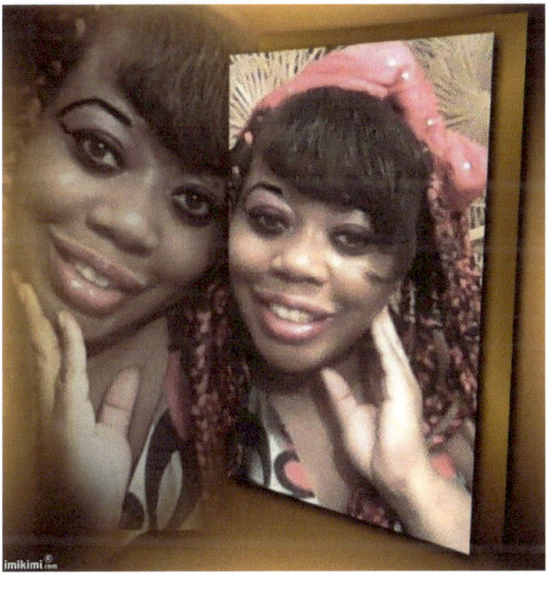
imikimi.com

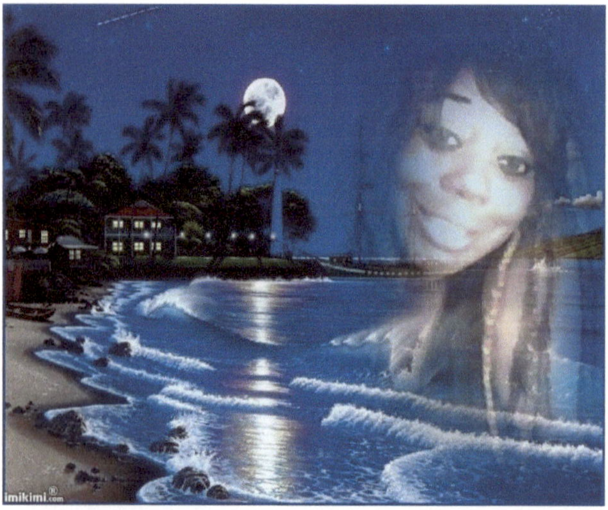
imikimi.com

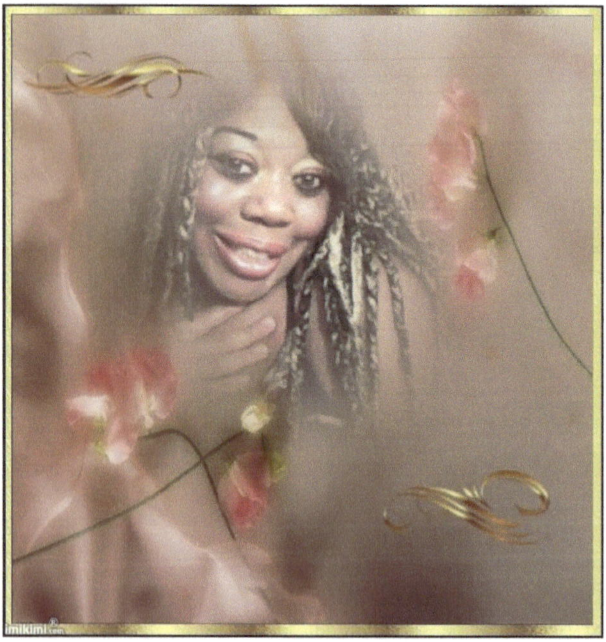
imikimi.com

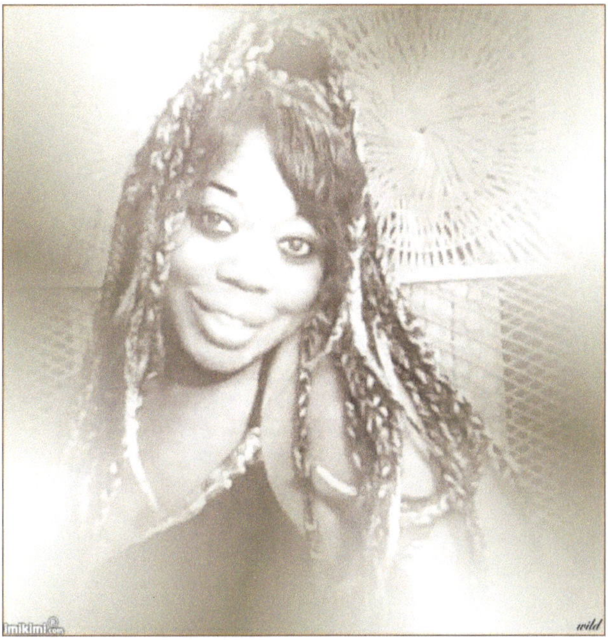
imikimi.com
wild

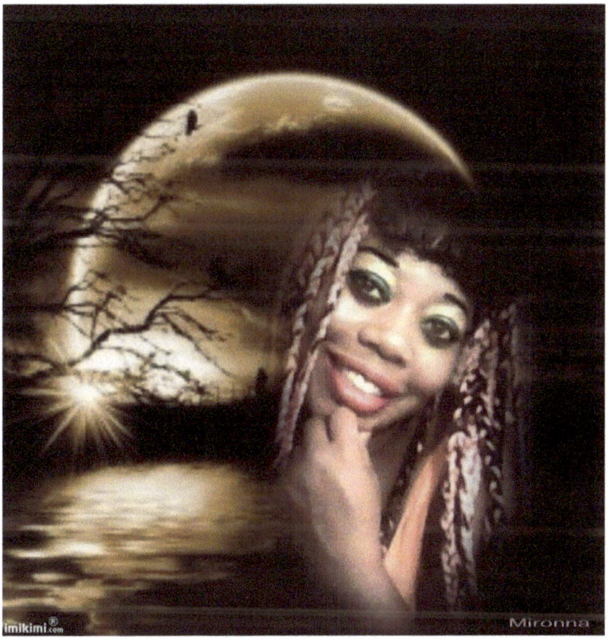
imikimi.com
Mironna

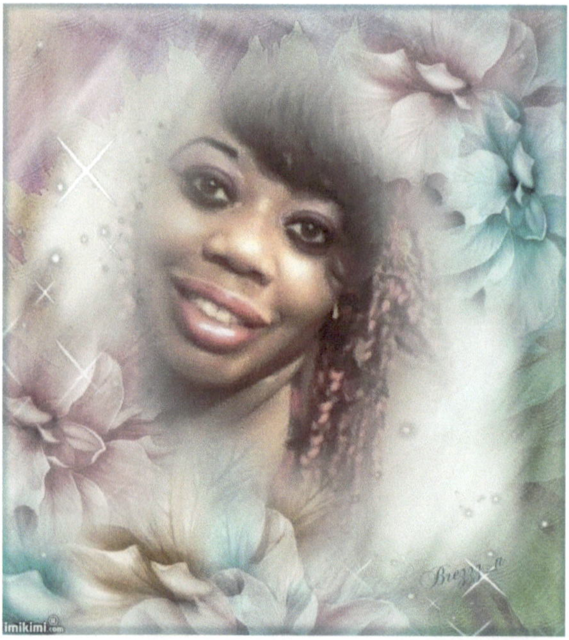

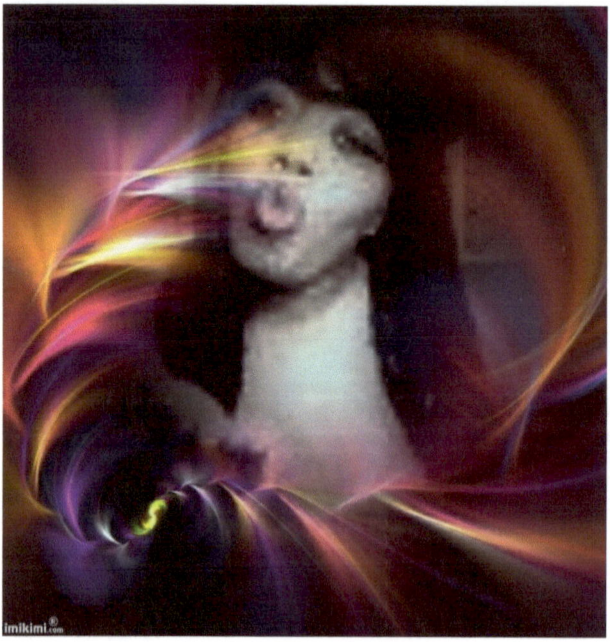

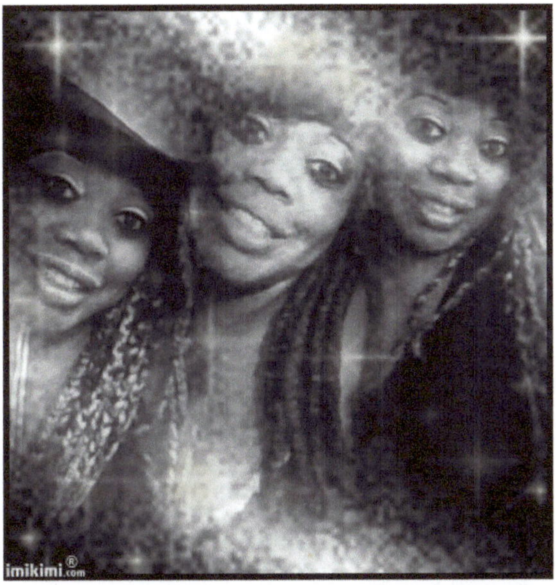
imikimi.com

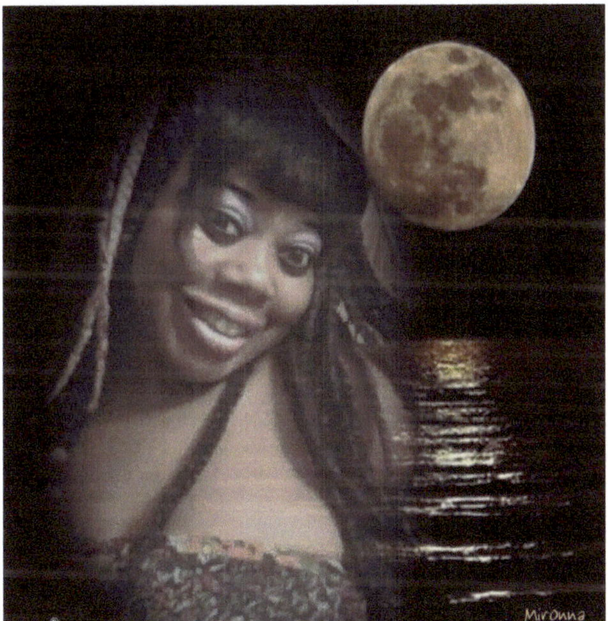
imikimi.com
Mironna

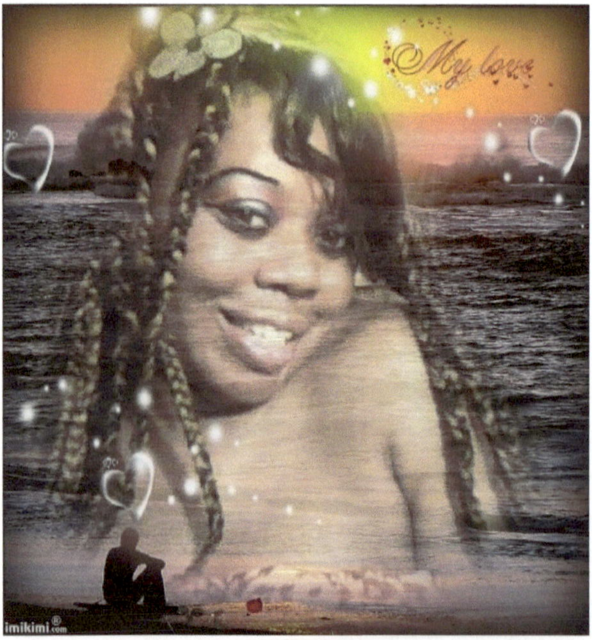
My love
imikimi.com

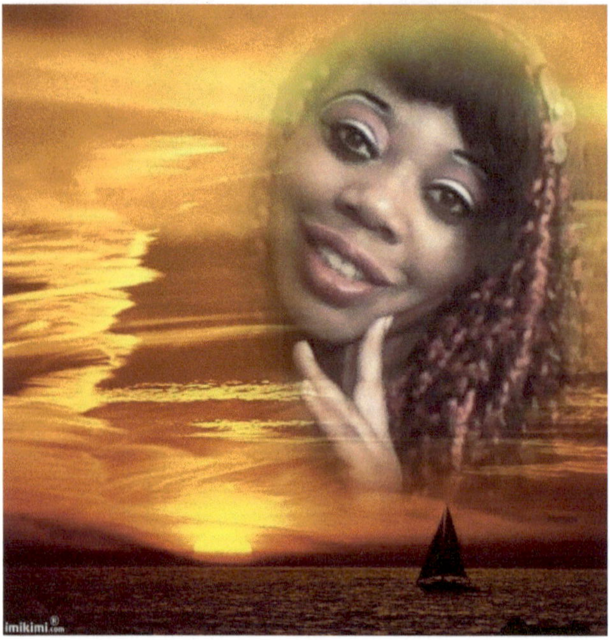
imikimi.com

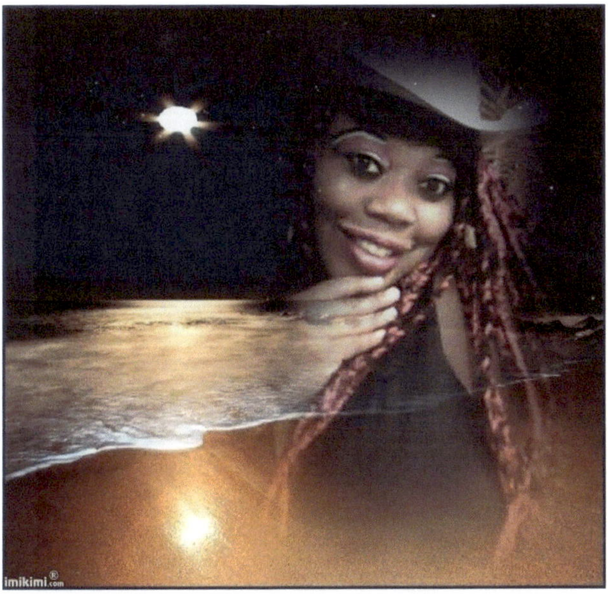

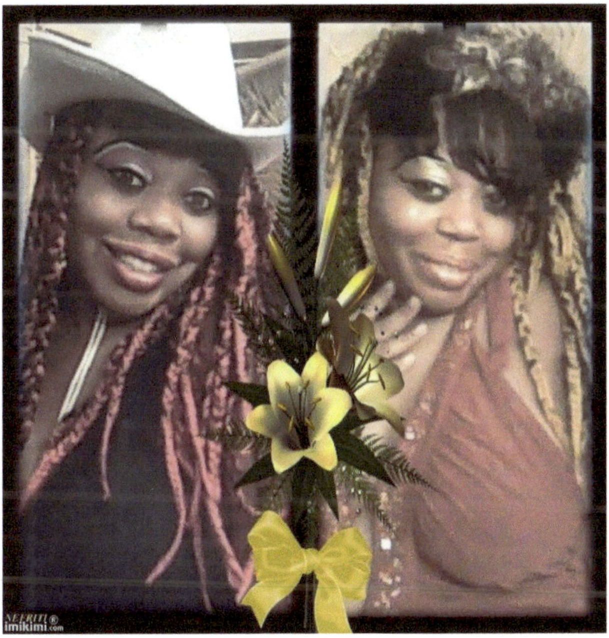

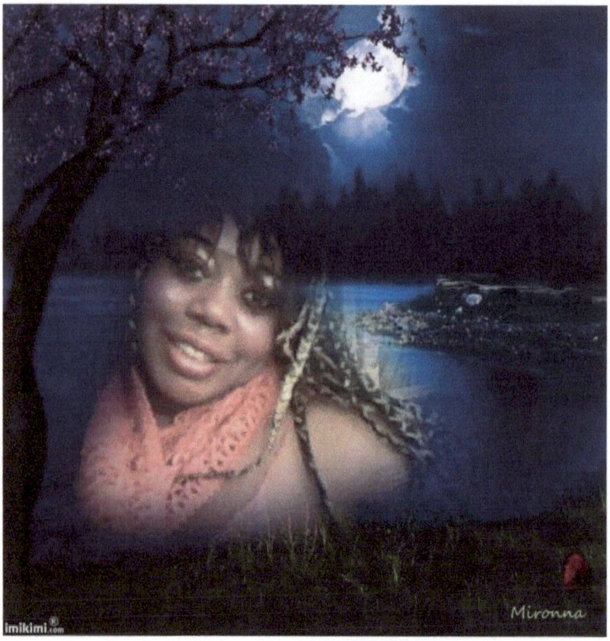
imikimi.com
Mironna

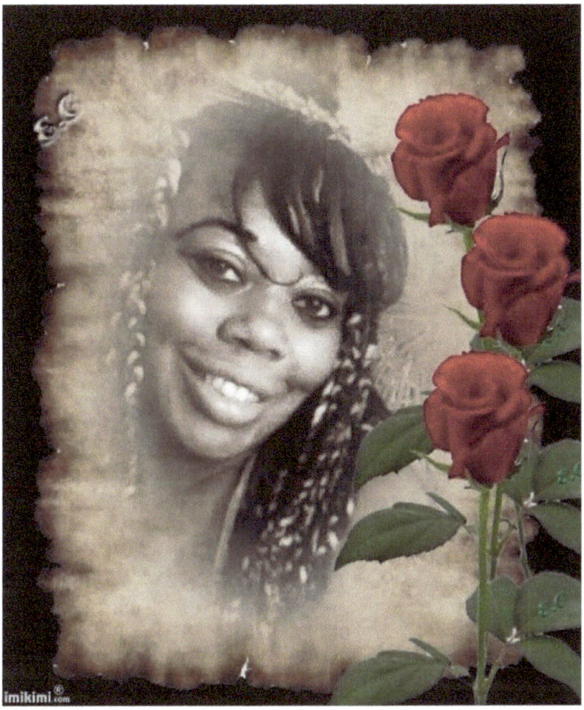
imikimi.com

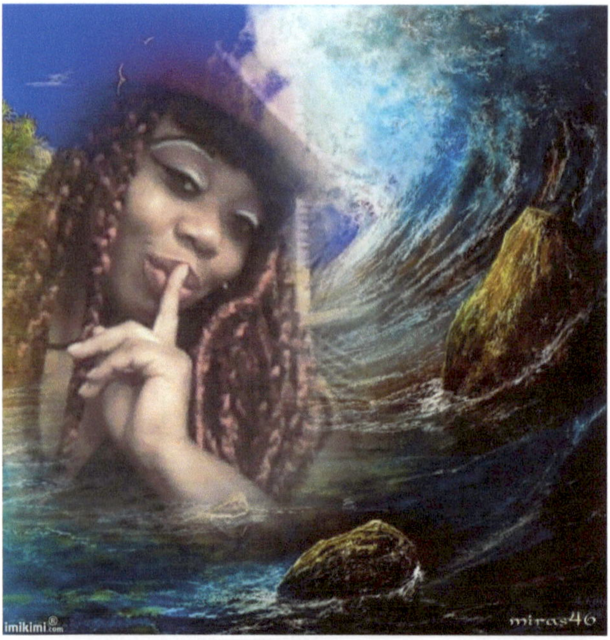
imikimi.com
miras46

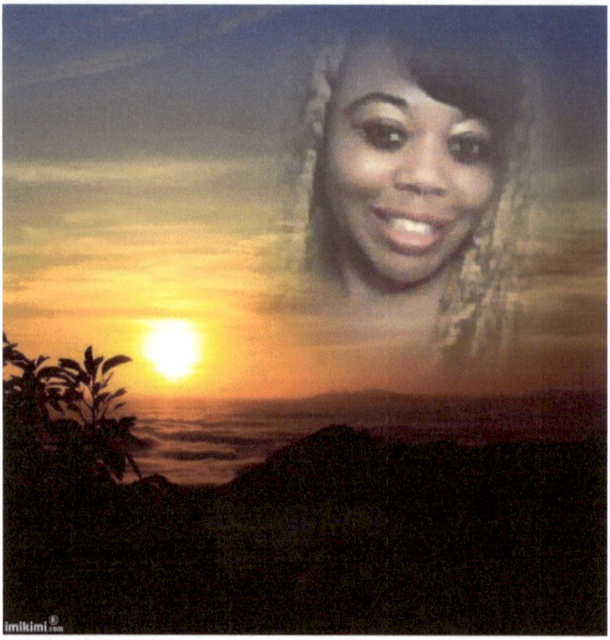
imikimi.com

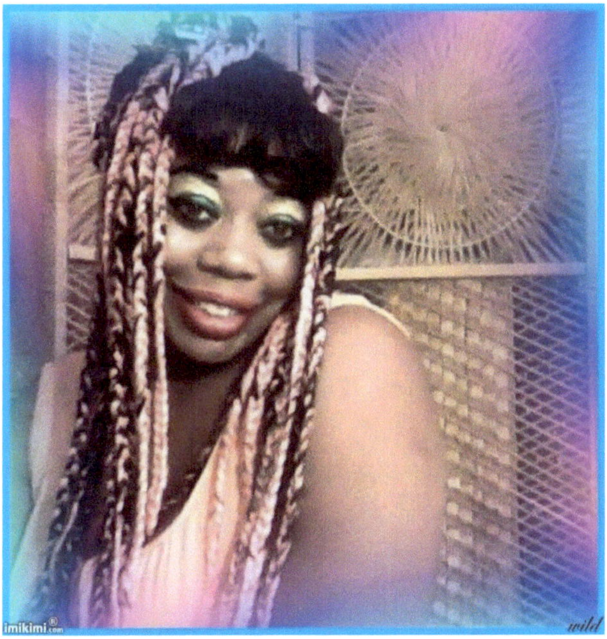
imikimi
wild

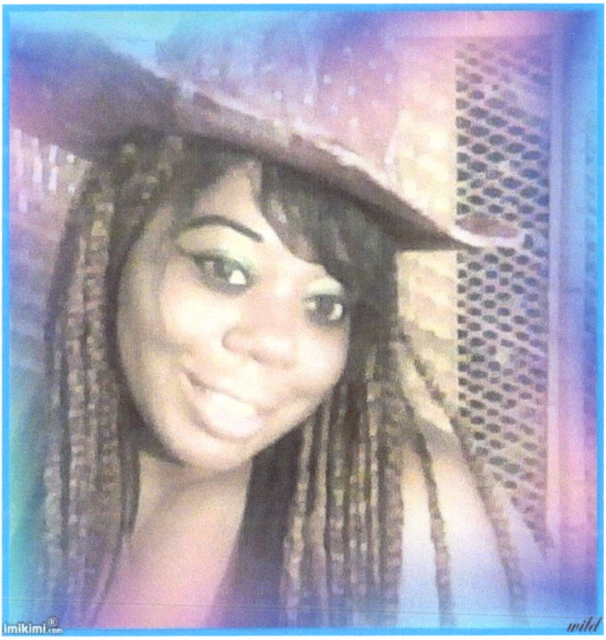
imikimi
wild

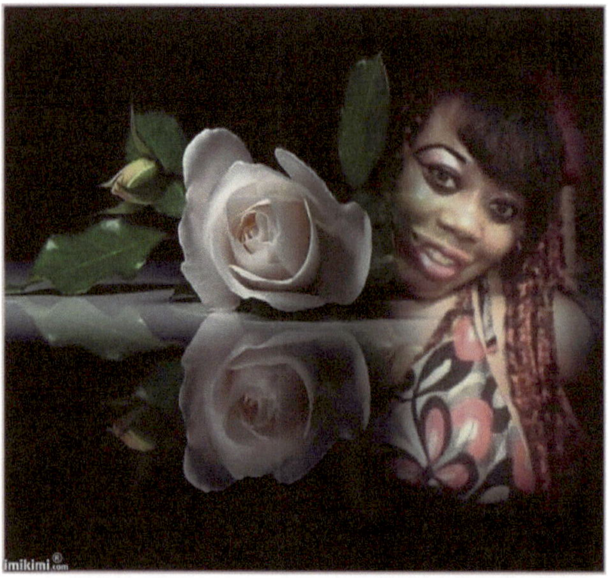

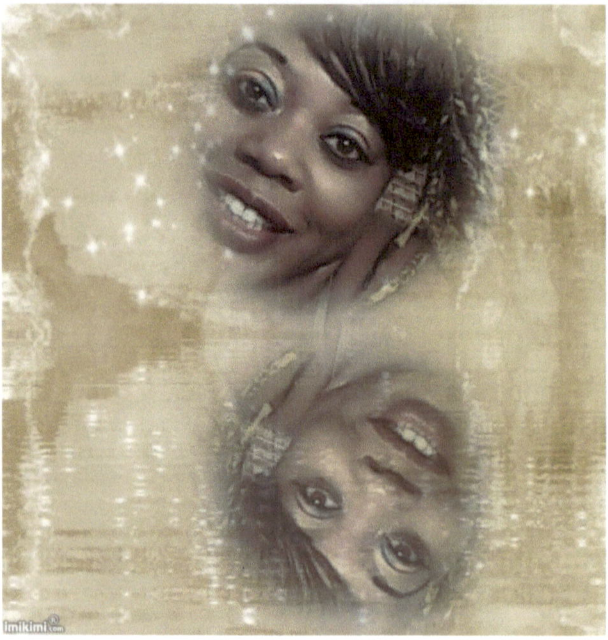

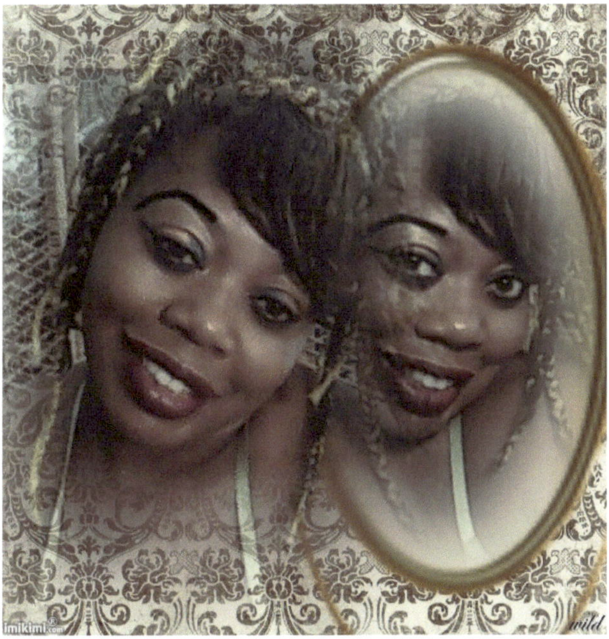
imikimi.com
wild

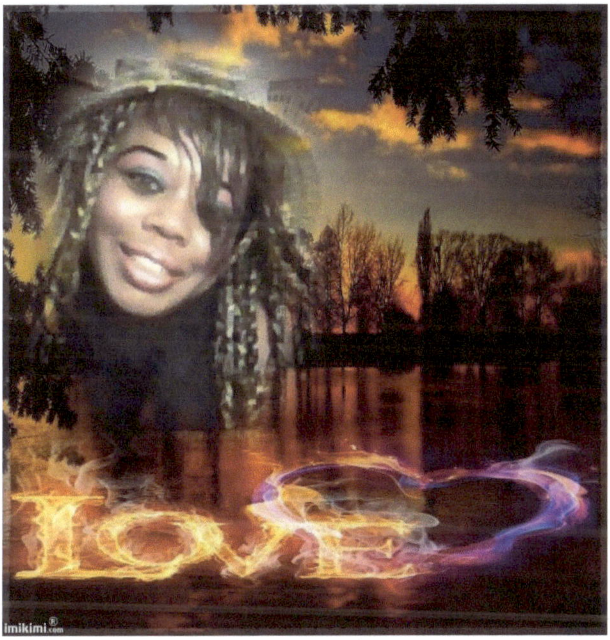
LOVE
imikimi.com

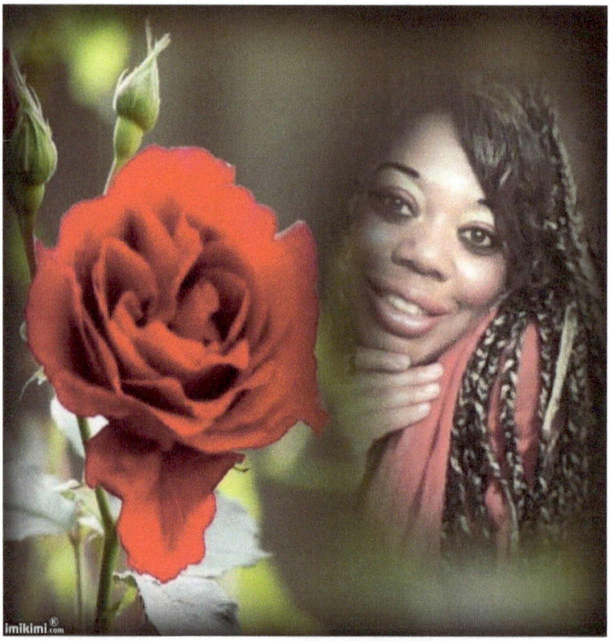
imikimi.com

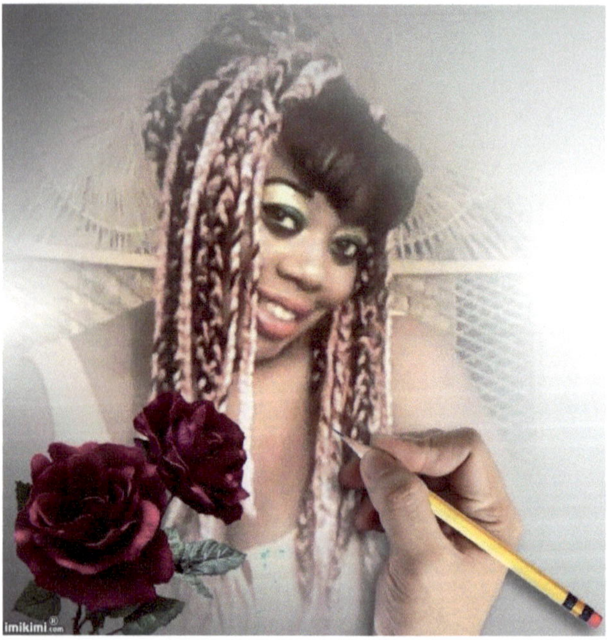
imikimi.com

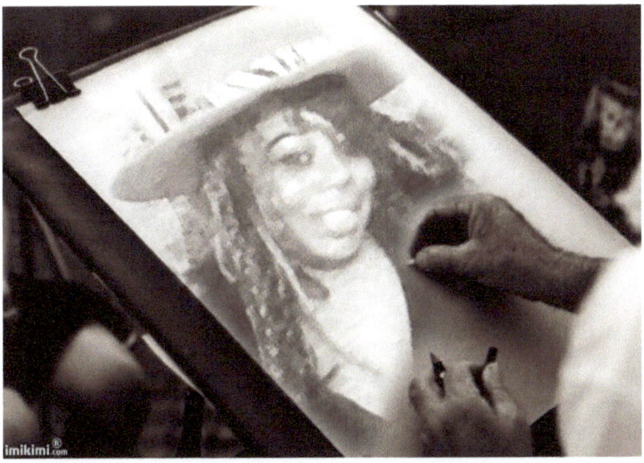
imikimi.com

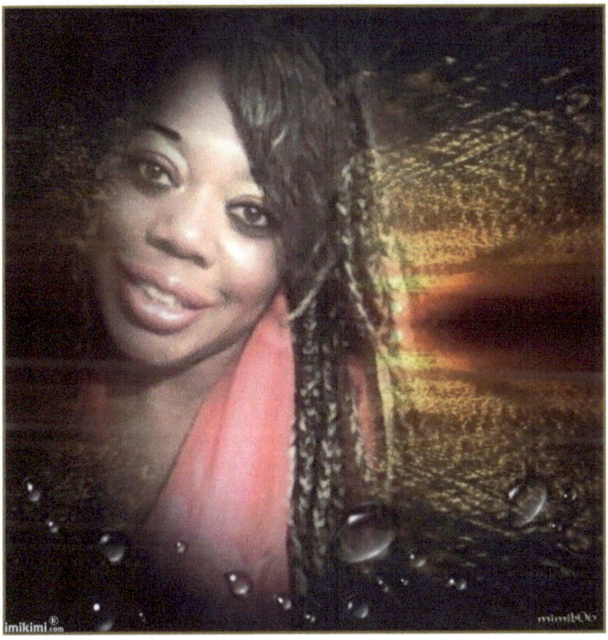
imikimi.com

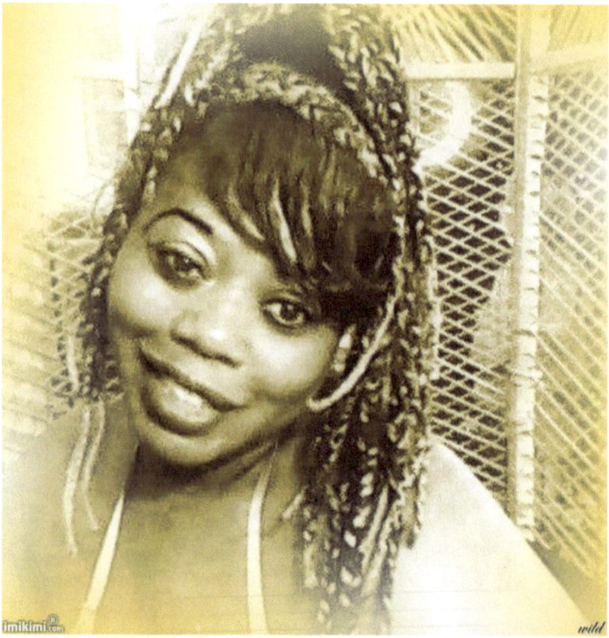
imikimi.com
wild

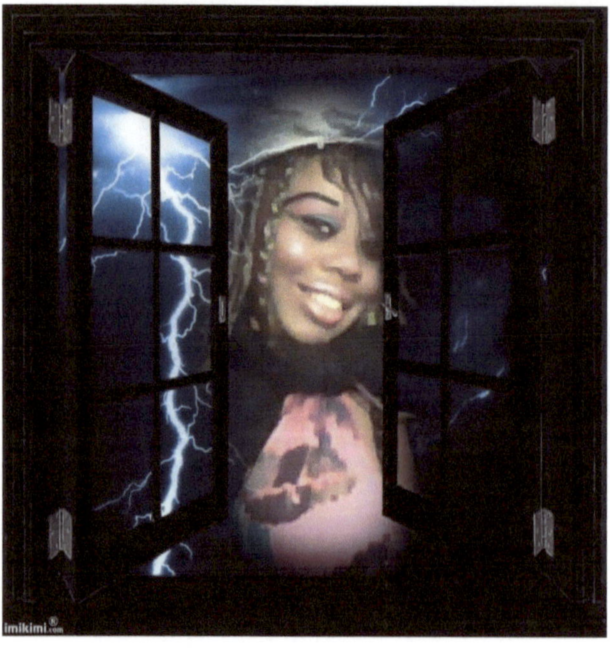
imikimi.com

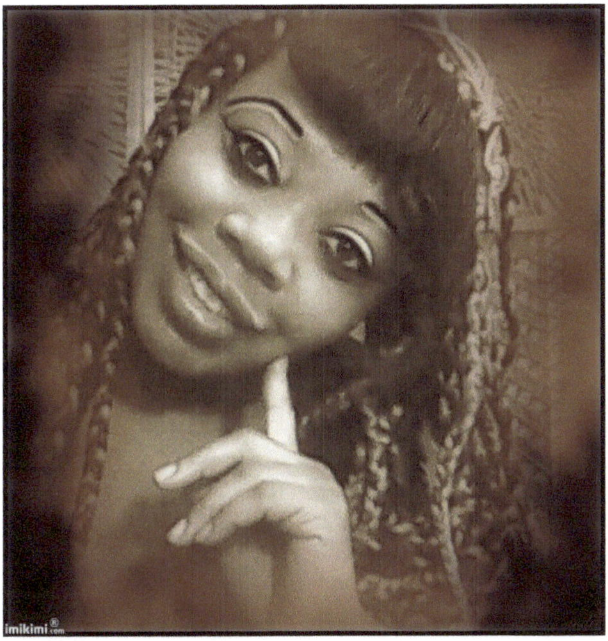

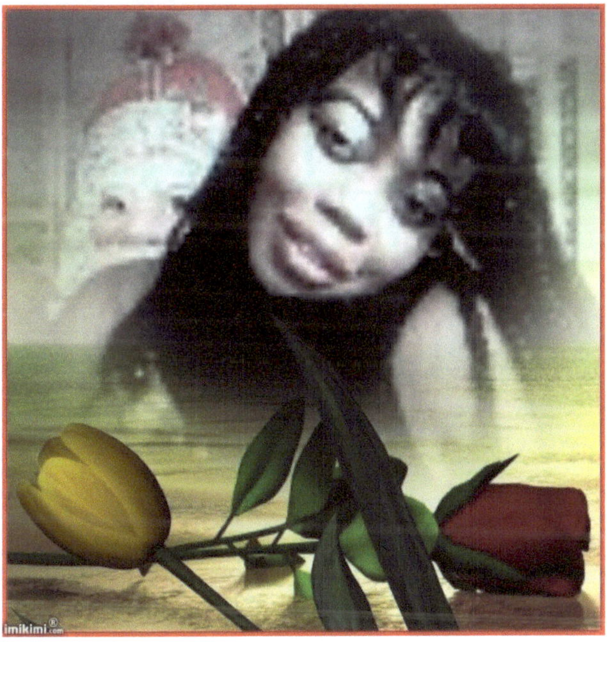

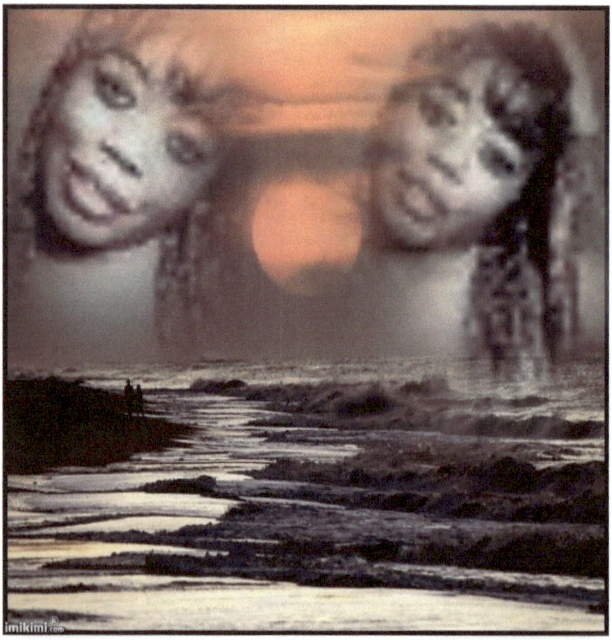

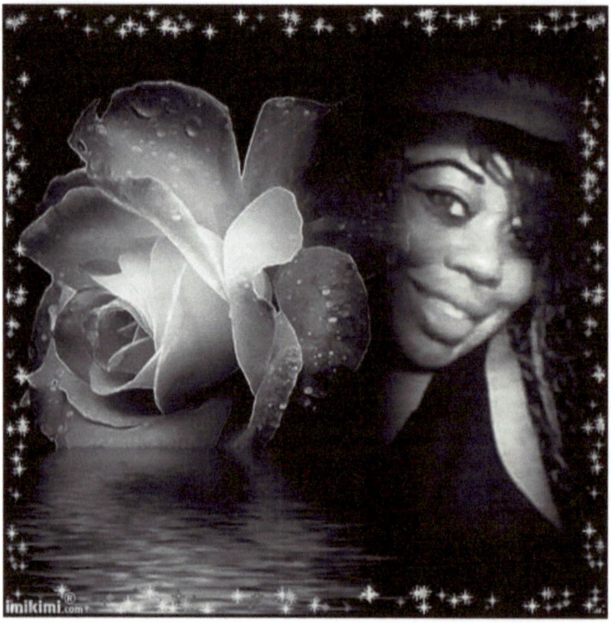

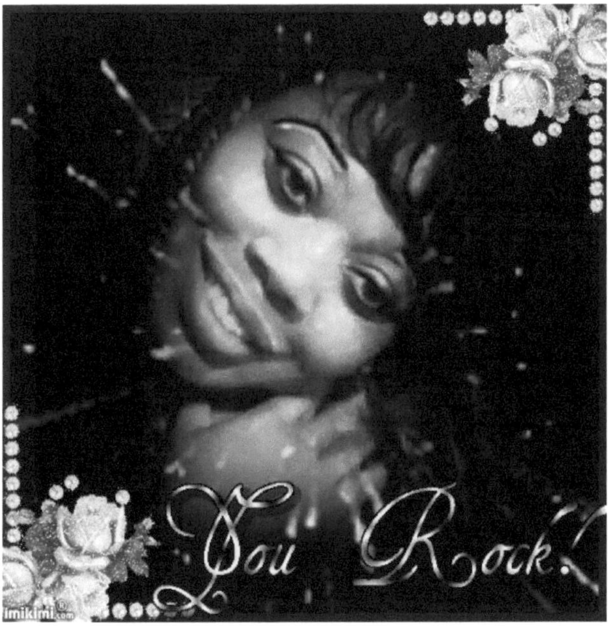
You Rock!

www.ingramcontent.com/pod-product-compliance
Lightning Source LLC
Chambersburg PA
CBHW040928180526
45159CB00002BA/656
* 9 7 8 1 5 0 2 7 2 1 2 9 7 *